OBJETS D'ART

ET

D'AMEUBLEMENT

PORCELAINES ANCIENNES, ORFÉVRERIE, BRONZES

BELLES TAPISSERIES

Sujets d'après TÉNIERS

Formant la Collection de Madame X...

M ESCRIBE
COMMIS^{re}-PRISEUR
Rue de Hanovre, 6.

M. L. BLOCHE
EXPERT
Boulevard Montmartre, 19.

PARIS — 1876

V^{es} RENOU, MAULDE et COCK

IMPRIMEURS DE LA COMPAGNIE DES COMMISSAIRES-PRISEURS

Rue de Rivoli, 144.

CATALOGUE

DE

PORCELAINES

ANCIENNES

De la Chine, du Japon, de Sèvres et de Saxe

FAIENCES FRANÇAISES, HOLLANDAISES ET ITALIENNES

ORFÉVRERIE D'ART ET DE TABLE

BEAUX BRONZES D'AMEUBLEMENT

(Des époques Louis XV et Louis XVI)

MEUBLES ANCIENS

SÉRIE DE 5 BELLES TAPISSERIES

Sujets d'après D. TÉNIERS

PANNEAUX ET MEUBLE DE SALON EN TAPISSERIE DE BEAUVAIS

Plan de Paris de Louis BRETEZ, dit Plan TURGOT

Objets de Vitrine et de Curiosité, Sculptures

TABLEAUX ANCIENS, AQUARELLES, GRAVURES

Formant la Collection de Madame X...

ET DONT LA VENTE AURA LIEU

HOTEL DROUOT, SALLE N° 5

Les Lundi 1er et Mardi 2 Mai 1876

A DEUX HEURES

Par le ministère de Me **ESCRIBE**, Commissaire-Priseur,
rue de Hanovre, 6,

Assisté de **M. L. BLOCHE**, Expert, boulevard Montmartre, 19.

EXPOSITION PUBLIQUE

Le Dimanche 30 Avril 1876, de 1 heure 1/2 à 5 heures.

PARIS — 1876

CONDITIONS DE LA VENTE

La vente sera faite expressément au comptant.

Il sera perçu CINQ POUR CENT, en sus du prix d'adjudication, applicables aux frais de vente.

CE CATALOGUE SE DISTRIBUE :

à PARIS .... Chez MM. ESCRIBE, Commissaire-Priseur, rue
de Hanovre, 6 ;

— L. BLOCHE, Expert, boulevard Montmartre, 19.

à LONDRES ....,... — P. DAVIS, 51, Parll Mall;

— H DURLACHER, 9, King street, Saint-James square ;

— MYERS et fils, 171 New Boud Street.

à BRUXELLES .... — TH. STROOBANTS, 9, boulevard d'Anvers.

à FRANCFORT-sur-Mein. — LOWENSTEIN frères, Zeil ;

— GOLDSCHMIDT frères, Zeil.

à AMSTERDAM....... — BOAS-BERG, Kalverstrnat.

DÉSIGNATION

PORCELAINES

1 — Grande et belle Jardinière, forme sphérique en ancienne porcelaine de Chine; riche décor de lambrequins et de rosaces fond bleu, avec fleurs et feuillages réservés en blanc.

2 — Deux belles Cassolettes en ancienne porcelaine du Japon; décor à jardinières, fleurs et cartouches en bleu, rouge et or. Monture en bronze doré, style Louis XVI.

3 — Petit Vase en ancienne porcelaine de Sèvres fond gros bleu, monté en bronze doré, formant flambeau, style Louis XVI.

4 — Vase en ancienne porcelaine de Chine; décor à paysage en bleu sur blanc.

5 — Vase en ancienne porcelaine de Chine; décor à médaillons et fleurs bleu sur blanc.

6 — Buire en ancienne porcelaine du Japon; décor bleu sur blanc.

7 — Vase en ancienne porcelaine de Chantilly, pâte
tendre; décor à scènes pastorales en camaïeu
bleu. Monture en bronze doré, style Louis XVI.

8 — Deux Jardinières à quatre faces en porcelaine de
Saxe, fond gaufré, décor à oiseaux.

9 — Garniture de trois pièces en ancienne porcelaine
du Japon; décor au dragon en bleu, rouge et
or.

10 — Paire de Cornets en ancienne porcelaine du Japon;
décor en bleu, rouge et or.

11 — Grand Bol en ancienne porcelaine du Japon; forme
à côtes, décor bleu, rouge et or.

12 — Autre Bol en ancienne porcelaine du Japon; décor
bleu, rouge et or.

13 — Beau Plat en ancienne porcelaine de Chine; *Famille verte*, offrant au centre des oiseaux et des
fleurs sur les bords à pans, des médaillons à
fleurs et feuillages.

14 — Beau Plat en ancienne porcelaine du Japon; à
riche décor de fleurs et de rosaces à rehauts
d'or.

15 — Beau Plat en ancienne porcelaine de Chine; offrant
au centre un paysage, sur les bords des fleurs.

16 — Grand et beau Plat en ancienne porcelaine du
Japon; décoré au centre d'arbustes et de fleurs,
sur les bords d'entrelacs et de fleurs, à rehauts
d'or.

17 — Deux Plats ronds en ancienne porcelaine du Japon;
en bleu sur blanc.

18 — Deux Plats longs à contours en ancienne porcelaine du Japon ; décor en bleu sur blanc.

19 — Petit Plat en vieux Japon; décor en bleu sur blanc,
à fleurs.

20-24 — Vingt-huit Assiettes en ancienne porcelaine du
Japon; décors variés à fleurs, paysages et feuillages en bleu sur blanc.

25 — Petit Plat à bords festonnées en vieux Japon; décor
en bleu sur blanc.

26 — Assiette en vieux Saxe; décor bleu sur blanc.

27 — Petit Plat creux en vieux vienne; décor à rehauts
d'or simulant le Japon.

28 — Six Assiettes en ancienne porcelaine de Chine;
décor à coqs et fleurs.

29 — Trois Assiettes en ancienne porcelaine de Chine;
décor à paysages au centre, carrelages et médaillons sur les bords.

30 — Six autres, décor à fleurs.

31 — Six autres, bords à pans, décor à fleurs.

32 — Huit autres, décor à fleurs, marly à quadrillés et
médaillons.

33 — Quatre autres, décor à fleurs.

34 — Petit Plat en vieux Chine; décor à fleurs au centre,
lambrequins et médaillons au bord.

35 — Cinq Assiettes en anciennes porcelaines de Chine,
du Japon et de Vienne.

36 — Deux Compotiers, bords à pans en vieux japon ;
décor bleu, rouge et or.

37 — Deux Assiettes en vieux Japon ; décorées de jardinières et de fleurs en bleu, rouge et or.

38 — Service à thé et à chocolat en ancienne porcelaine
de Saxe ; décor aux initiales *F.-P.* en fleurs, bordures gros bleu à rehauts d'or. Il se compose
d'une chocolatière, théière, bol à sucre, et huit
tasses avec soucoupes.

39 — Solitaire en porcelaine française ; décor à médaillons, sujets pastoraux, encadrements à rehauts
d'or. Il se compose d'un grand plateau, théière,
sucrier, pot à crème, tasse à couvercle avec
soucoupe.

40 — Jardinière Tripode en ancienne porcelaine du
Japon ; décor bleu, rouge dor.

41 — Grande Coupe à pans en porcelaine de Chine ;
fond gros bleu à rehauts d'or.

42-43 — Six Théières en anciennes porcelaines de Chine
et du Japon ; décors divers.

44 — Deux Gourdes, décor en bleu sur blanc et brun.

45 — Cafetière en vieux Japon ; décor bleu, rouge et or.

46 — Petite boîte à thé ; décor en grisaille.

47 — Tasse à couvercle avec soucoupe en ancienne porcelaine d'Allemagne ; décor d'après *Bérain.*

48 — Tasse avec soucoupe en vieux Saxe; décor à fleurs.

49 — Deux Figurines, petits musiciens élevés sur socles en ancience porcelaine de Charles Théodore.

50 — Deux Tases avec soucoupes en porcelaine de la Courtille; décor bleu sur blanc.

51 — Nécessaire en porcelaine de Saxe; décor à fleurs.

52 — Boîte à thé en vieux Japon; décor à fleurs.

53 — Quatre Tasses et deux Soucoupes en ancienne porcelaine de Chine; décors à figures.

54 — Tasse avec soucoupe en ancienne porcelaine de l'Inde; décor à fleurs et lambrequins.

55 — Tasse et deux soucoupes en ancienne porcelaine du Japon; décor au dragon en bleu sur blanc.

56 — Soucoupe en vieux Japon et petite coupe de Chine.

57 — Petite Buire en vieux chine; bleu soufflé, à rehauts d'or.

58 — Petite Garniture de trois pièces en vieux chine; décor à feuillages et fleurs.

59 — Petit Cornet en vieux Chine de la Famille verte; décor à fleurs et oiseaux.

60 — Six Tasses en grès; décor à reliefs.

61 — Petite Garniture de trois pièces en vieux chine; décor bleu sur blanc.

62 — Cinq Tasses avec soucoupes en ancienne porcelaine du Japon ; décor brun et figures en bleu.

63 — Trois Tasses hautes avec soucoupes en ancienne porcelaine du Japon; décors variés en bleu, rouge et or.

64-65 — Douze Tasses avec soucoupes en ancienne porcelaine du Japon, formes et décors variés en bleu, rouge et or. (Sera divisé).

66 — Six petites Tasses cylindriqnes avec leurs soucoupes en ancienne porcelaine du Japon; décor polychrome à rehauts d'or.

67 — Quatre petits Bols avec soucoupes en porcelaine de Chine et du Japon.

68 — Deux petites Tasses avec soucoupes en ancienne porcelaine du Japon; décor en bleu sur blanc.

FAIENCES

69 — Vase en faïence de Nevers, décor à arabesques et fleurs en bleu sur blanc.

70 — Deux Potiches en faïence de Delft, forme à côtes, décor en bleu sur blanc.

71 — Vase en faïence de Nevers, décor à personnages en
bleu sur blanc.

72 — Lavabo en faïence de Delft; décor fond jaune à
fleurs.

73 — Deux petits Vases en faïence de Delft, décor polychrome.

74 — Deux petites Coupes en faïence de Rouen.

75 — Buire en faïence de Rouen, décor polychrome.

76 — Plat rond en faïence de Delft; décor à scène pastorale et lambrequins en bleu sur blanc.

77 — Plat rond en faïence de Delft, décor bleu sur blanc.

78 — Deux petits Plats en faïence de Moustiers, décorés
l'un en bleu, l'autre en jaune.

79 — Plat en faïence de Delft; décor polychrome.

80 — Marronnière avec plateau en faïence de Delft,
décor bleu sur blanc.

81 — Sept Assiettes en faïence française, décor varié.

82 — Écuelle en faïence de Moustiers, décor bleu sur
blanc.

83 — Deux Vases en faïence d'Urbino; décor à médaillons et ornements, XVIᵉ siècle.

84 — Deux Vases en faïence de Delft; décor bleu sur
blanc.

ORFÉVRERIE

85 — Grand et beau Vidrecome en argent doré offrant au pourtour des médaillons où sont représentés *Thomes Hansen* et *Catarine Hansen*, gravés en taille-douce, encadrés d'ornements en repoussé. Sur le couvercle sont gravés les armes des deux époux, leurs noms et la date de *1650*, époque à laquelle cette pièce fut faite en souvenir de leur union.

86 — Belle Aiguière avec son plateau en argent doré et repoussé représentant des médaillons allégoriques de *la Foi*, *la Charité* et *l'Espérance*, des mascarons, des grotesques et des cariatides. Travail dans le style de la Renaissance.

87 — Grand et beau Plat long à contours en argent repoussé, offrant au centre un cartel où est représenté un monument au bord de la mer, encadré de rocailles. Bords festonnés à coquilles et corbeilles de fleurs, époque Louis XIV.

88-89 — Deux beaux Plats en argent repoussé, offrant au centre des sujets mythologiques, au bord des guirlandes de fruits, style Louis XIII.

90 — Hanap en argent, présentant au bec une tête de grotesque, autour de la panse une frise gravée, travail du xvie siècle.

91 — Gobelet avec couvercle en argent repoussé, représentant des médaillons allégoriqces entrecoupes de mascarons et de fruits, piédouche à fruits et ornements, couvercle couronné par une figurine, style Louis XIII.

92 — Théière en argent repoussé offrant des têtes de chérubin, des fruits, des feuillages et des ornements, époque Louis XIII.

93 — Réchaud en argent repercé à jour, époque Louis XVI.

94 — Bout-de-Table en argent ciselé, élevé sur pieds, à têtes et griffes de lions (époque Louis XIV).

95 — Bougeoir en argent, poignée et fuseau forme serpents (époque Louis XIII).

96 — Gobelet en argent gravé à fleurs et ornements.

97 — Grand plat long à bords festonnés en argent.

98 — Plat long en argent, même modèle.

99 — Grand Plat rond, même modèle en argent.

100 — Deux Plats ronds en argent, même modèle.

101 — Buire à chocolat en argent, style Louis XV.

102 — Cafetière en argent, élevée sur trois pieds.

103 — Deux Bouts-de-Table en argent, style Louis XVI.

104 — Moutardier en argent, même style.

105 — Deux Bouts-de-Table en argent, modèle à ceps de vigne.

106 — Deux Raviers en cristal, monture argent, même modèle.

107 — Deux Poivriers en argent.

108 — Deux Cuillers à sauce en argent.

109 — Deux autres en argent.

110-111 — Deux Services à découper en argent.

112 — Couvert à salade en ivoire, manches en argent.

113 — Service de hors-d'œuvre en argent.

114 — Cuiller à punch en argent.

115-116 — Vingt-quatre couteaux de table, manches en argent.

117 — Louche en argent.

118 — Douze Couverts en argent.

119 — Douze Cuillers à café.

120 — Douze Couverts en argent.

121 — Six Couverts en argent, même modèle.

122 — Douze Fourchettes en argent, même modèle.

123 — Six Fourchettes à melon en argent.

124 — Douze Couteaux à dessert en vermeil, lames en
acier.

125 — Douze autres en vermeil, manches et lames en vermeil.

126 — Douze Couverts d'entremets en vermeil.

127 — Boîte à argenterie en chêne, doublée en drap rouge,
écoinçons en cuivre.

PLAQUÉ

128 — Grand Réchaud ovale, avec ornements en argent.

129 — Deux Réchauds ronds, avec ornements en argent.

130 — Seau à champagne.

131 — Grand Plateau gravé, ornements en relief en argent.

BRONZES D'AMEUBLEMENT

132 — Très-jolie Pendule en bronze finement ciselé et
doré, modèle *Du Barry*. La comtesse, en Orien-
tale, est représentée assise, pinçant de la guitare,
abritée par un baldaquin couronné de panaches,
garni de draperies gracieusement écartées. Mouvement de *Grenier, à Rouen* (époque Louis XV).

133 — Paire de beaux Chenets en bronze ciselé et doré, représentant chacun un grand vase d'où s'échappent des flammes, orné de guirlandes et d'anses à têtes de satyres, rallié par une jolie frise à ornements, s'élève, sur une colonnette cannelée, un brûle-parfums supporté par trois cariatides de béliers. Travail du temps de Louis XVI.

134 — Paire de Vases en marbre blanc, formant cassolettes, montés en bronze doré (époque Louis XVI).

135 — Paire de beaux Chenets en bronze doré et ciselé, représentant des sirènes se jouant sur de grands ornements flanqués de mascarons. Travail du temps de Louis XV.

136 — Paire de Flambeaux en bronze doré de l'époque Louis XVI.

137 — Pendule en marbre, ornée de bronze doré (époque Louis XVI).

138 — Petite Pendule en bronze doré (époque Louis XVI), représentant une colonne cannelée enguirlandée, supportant le mouvement.

139 — Pendule de bureau en bois de rose, ornée de bronze (Louis XV).

140 — Pendule en bronze doré (époque Louis XVI).

141 — Deux Flambeaux en bronze doré Louis XV.

142 — Pendule en marbre blanc et bronze doré, forme monument (époque Louis XVI).

143 — Deux Flambeaux en bronze Louis XVI.

144 — Sonnette en bronze ornée de bas-reliefs.

145 — Petit Groupe de deux chevaux en bronze, signé :
P.-J. MÈNE.

146 — Petit Groupe en bronze : coq et poule.

147 — Petite Coupe en bronze, époque Empire.

148 — Monture de coupe en bronze, style Louis XVI.

149 — Statuette de *Minerve*, en bronze.

OBJETS DE VITRINE

150 — Éventail de l'époque Louis XVI, feuille en vélin, sujet mythologique, monture à jour en nacre, rehaussé d'ornements en or.

151 — Souvenir en ivoire, monté en or, époque Louis XVI.

152 — Flacon en émail, décor à sujets.

153 — Étui en ivoire sculpté, travail chinois.

154 — Broche offrant un émail à scène pastorale, monture ornée de stras et pierrerie.

155 — Bonbonnière en écaille offrant sur le couvercle une miniature portrait d'homme, peinte dans la manière de *Hall*.

156 — Flacon en jade sculpté.

157 — Deux petits Cendriers en émail peint de la Chine.

SCULPTURES

158 — Statue en marbre blanc représentant un joueur de guitare, par *Giromella* (Signée).

159 — Statuette d'enfant en marbre blanc, par Zocchi.

160 — Bas-Relief en marbre : *Léda*.

VERRERIE ET OBJETS DIVERS

161 — Onze Verres de Bohême gravés.

162 — Rince-bouche en verre de Venise filigrané.

163 — Deux Vidrecomes en cristal de Bohême gravé.

164 — Cave à liqueurs composée de huit flacons, douze petits verres, trois verres moyens et deux grands, rehaussés d'or.

165 — Verre-d'eau gravé monté en argent.

166 — Deux Socles en laque du Japon.

167 — Paire de Chenets en cuivre, époque Louis XIII.

OBJETS D'AMEUBLEMENT

168 — Meuble de salon en bois sculpté couvert en tapisserie, époque Louis XV.

169 — Petit Meuble d'appui s'ouvrant à un battant en marqueterie, orné de bronze, dessus en marbre, époque Louis XVI.

170 — Table à ouvrage en bois de rose et palissandre, ornée de bronze Louis XV.

171 — Belle Commode époque Louis XV, forme cintrée, richement ornée de bronze, dessus en marbre.

172 — Guéridon style Louis XVI en bois de rose et palissandre, orné de bronze.

173 — Guéridon en chêne sculpté.

174 — Belle Commode de forme cintrée, offrant, en marqueterie de bois, des attributs de musique, ornée de bronze, époque Louis XV.

175 — Commode en bois de violette, garnie de bronze, époque Louis XIV.

176 — Paravent à six feuilles en tapisserie, monture en bois sculpté, époque Louis XIV.

177 — Coffre de mariage en bois burgauté.

178 — Lit de milieu en bois rehaussé de blanc, époque Louis XVI, garni sur le devant et au fond de panneaux en tapisserie représentant des animaux et des paysages; bordure à fleurs de lis et ornements.

179 — Piano d'*Érard* en palissandre.

TAPISSERIES

SÉRIE DE

CINQ TRÈS-BELLES TAPISSERIES

REPRÉSENTANT DES SUJETS

D'après D. TÉNIERS

Entourées de superbes bordures à fleurs, trophées, coquillages, enroulements, oiseaux
et natures mortes

180 — Les Vendanges.

A gauche, un tonnelier répare des barriques ;
des vendangeurs, assis dans une cuve, causent
entre eux. Au premier plan, une paysanne charge
un âne de paniers de raisins. A droite, des vendangeurs et des jeunes filles plaisantent. Au fond
se déroule un riant paysage mouvementé. Composition de dix figures.

Long. 3^m85. Haut. 3^m10.

181 — Le Concert champétre.

A gauche, pendant que leurs troupeaux paissent librement, bergers et bergères jouent de la cornemuse et du chalumeau. Près d'eux se sont arrêtés pour écouter le concert deux pèlerins. Au fond, des bœufs, des vaches et des moutons au pâturage. Composition de cinq figures.

Long. 2ᵐ90. Haut. 3ᵐ10.

182 — Les Brigands.

A gauche, un voleur lie les mains derrière leur dos à deux paysans, pendant qu'un autre plus galant prend effrontément par la taille une jeune femme qui porte son enfant dans ses bras. Au premier plan un brigand armé menace une femme qui porte secours à sa première victime renversée. A droite, un autre se dispose à mettre pied en selle. Composition de dix figeres.

Long. 3ᵐ. Haut. 3ᵐ10.

183 — La Danse villageoise.

Filles et garçons se livrent avec frénésie au plaisir de la danse. A gauche, un joueur de vielle. A droite, un paysan et une paysanne sont assis et fument la pipe. Composition de dix figures.

Long. 3ᵐ70. Haut. 3ᵐ1 .

184 — La Diseuse de bonne aventure.

Une pauvre femme, tenant son enfant dans ses bras, observe un paysan qui se fait prédire l'avenir par une sorcière. Composition de quatre figures.

Long. 1ᵐ55. Haut. 3ᵐ10.

185 — Panneau en tapisserie de Beauvais représentant un sujet d'après Oudry.

La bordure offre une suite de coquillages enrubannés et des dauphins aux angles.

Long. 1ᵐ30. Haut. 3ᵐ10.

186 — Panneau en tapisserie représentant un sujet d'après Oudry.

Quantité de volatiles barbotent dans un ruisseau et secouent leurs ailes sur la rive, des perroquets sont perchés sur les arbres. Le paysage est animé de deux pêcheurs. Bordure en haut et en bas formée d'enroulements et de lambrequins.

Long. 1ᵐ22. Haut. 3ᵐ.

187 — Panneau en tapisserie représentant un sujet d'après Oudry.

Un paon superbe se promène fièrement au milieu des canards. Des écureuils et des lézards grimpent après les arbres, des perroquets volent de branche en branche. Au fond se dessine un château devant lequel un pâtre joue de la musette en observant son troupeau. Bordure analogue à celle de la précédente.

Long. 1ᵐ25. Haut. 3ᵐ.

188 — Bel ameublement de salon se composant de douze
fauteuils, deux bergères et un canapé en tapisserie de Beauvais représentant aux dossiers des
scènes à petits personnages, sur fond blanc, en-
tourés de tentures rouges et jaunes, enguir-
landées de fleurs se détachant sur fond vert. Les
dessus de siéges offrent des sujets tirés des
fables de *La Fontaine.*

189 — Coupe de 4ᵐ85 de bordure en tapisserie de Beauvais représentant des rinceaux et des fleurs.

TABLEAUX ET AQUARELLES

—

TÉNIERS (D.)

(Attribué à et signé)

190 — **Les bons Vieillards.**

Trois paysans causent devant une ferme. Une
jeune fille sur le seuil de la porte les observe.

VERNET (J.)

(Signé)

191 — Environs de Gênes.

A droite, des bateliers lancent une barque à la mer. Au premier plan, à gauche, un pêcheur observe deux jeunes amoureux. En perspective, la mer sur laquelle se jouent des voiliers.

VERNET (J.)

(Signé et daté de 1770)

192 — Le Golfe de Gênes.

Au premier plan, au bord de l'eau, des baigneurs et des baigneuses. A droite, la rive est bordée de rochers et de maisonnettes. A gauche, la campagne animée de baigneuses. Au fond, la pleine mer sur laquelle se balancent des voiliers, et le port.

VAN DER WELDE

(Attribué à)

193 — Marine : Temps brumeux.

HARPIGNIES

194 — Environs de Rome.

Aquarelle.

HARPIGNIES

195 — **Ruines aux environs de Rome.**

Aquarelle.

HARPIGNIES

196 — **Paysage.**

Aquarelle.

HERSON (E.)

197 — **Une Rue de Moulins.**

Aquarelle.

HERSON (E.)

198 — **Une Rue de Guéret.**

Aquarelle.

GHENDT (E. DE)

(D'après BEAUDOIN)

199 — **Le Soir.**

Gravure

CASTEL

(D'après FRAGONARD)

200 — **Par eux l'amour l'éclaire.**

Gravure.

PLAN DE LA VILLE DE PARIS

LEVÉ ET DESSINÉ

Par Louis BRETEZ

Gravé par CLAUDE LUCAS et écrit par AUBIN

DIT

PLAN TURGOT

———

Commencé en 1734 sous les ordres de Messire **Michel-Étienne Turgot**, marquis de Sousmons, seigneur de Saint-Germain-sur-Eaulne, Vatierville et autres lieux, conseiller d'État, prévôt des marchands; — Henry Millon, écuyer et conseiller du roy; — Quartinier; — Philippe le Fort; — Jean Claude; — Fauconnet de Vildé, conseiller du roy et de la ville, avocat en la cour expéditionnaire de cour de Rome; — Claude-Augustin Fosset, conseiller du roy, avocat en la cour expéditionnaire de cour de Rome, échevins de la ville de Paris; — Antoine Morian, procureur, avocat du roy et de la ville; — Jean-Baptiste Julien Taitbout, chevalier de l'ordre du roi, greffier en chef; — Jacques Boucot, chevalier de l'ordre du roy, receveur.

Achevé en 1739.

Long. 3^m10. Haut. 2^m46.

Vᵉˢ Renou, Maulde et Cock, imprˢ de la Compagnie des Commissaires-Priseurs, rue de Rivoli, 144.   64617